종교개혁 500주년 기념

종교개혁과 우리

종교개혁과 우리

초판 1쇄 2017년 10월 1일
펴낸이 종교개혁 500주년 기념사업특별위원회
지은이 안상혁, 이남규
발행인 정창균
펴낸곳 합신대학원출판부
주소 경기도 수원시 영통구 광교중앙로 50(원천동)
전화 (031) 217-0629
팩스 (031) 212-6204
홈페이지 www.hapdong.ac.kr
출판등록번호 제22-1-1호
인쇄처 예원프린팅 (031) 957-6551
총판 (주) 기독교출판유통 (031) 906-9191
값 5,000원

ISBN 978-89-97244-40-9 92230

이 도서의 국립중앙도서관 출판예정도서목록(CIP)은 서지정보유통지원시스템 홈페이지(http://seoji.nl.go.kr)와 국가자료공동목록시스템(http://www.nl.go.kr/kolisnet)에서 이용하실 수 있습니다.(CIP제어번호: CIP2017024428)

종교개혁과 우리

안상혁·이남규 지음
종교개혁 500주년 기념사업특별위원회 펴냄

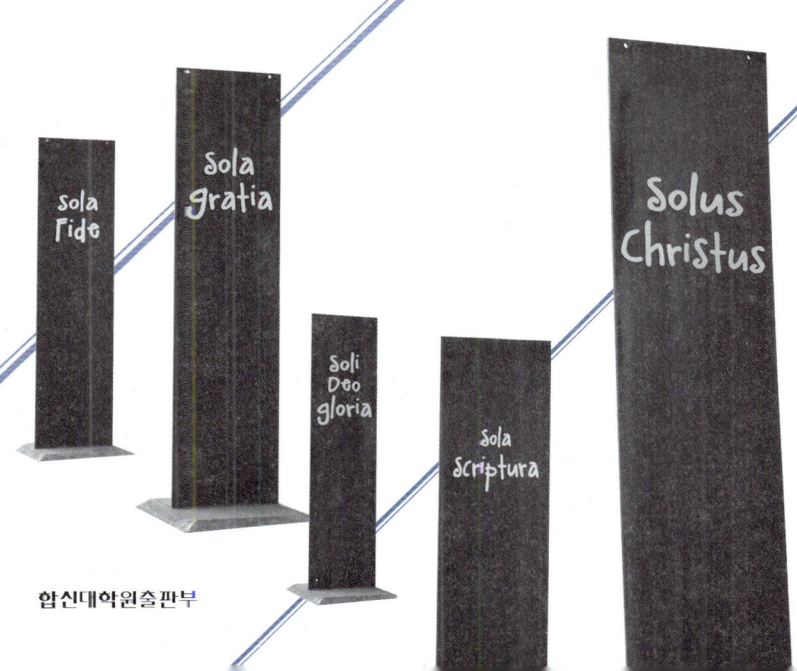

합신대학원출판부

• 일러두기

이 책에 실은 사진은 합동신학대학원대학교 교수들이
2014년에 종교개혁지를 탐방하며 촬영한 것입니다.

• 차례

06   간행사

09   종교개혁, 하나님께서 행하신 하나님의 큰 일

10   하나님의 큰 일
14   종교개혁과 성경의 사람들
30   종교개혁 신학의 핵심 주제
38   종교개혁의 확산과 성과
50   종교개혁과 한국교회 그리고 우리

63   우리가 기억해야 할 종교개혁의 다섯 원리

64   오직 성경만으로(Sola Scriptura)
70   오직 그리스도께서만(Solus Christus)
76   오직 은혜만으로(Sola Gratia)
82   오직 믿음만으로(Sola Fide)
88   오직 하나님께만 영광이(Soli Deo Gloria)

간행사

  101회 총회(2016년 9월)는 종교개혁 500주년을 기념하기 위해 위원회를 구성할 것을 결의했습니다. 이 결의에 따라 구성된 '종교개혁 500주년 기념사업 특별위원회' 위원들은 종교개혁의 역사와 정신을 다시 확인하는 것이 필요하고 유익할 것이라는 데 마음을 모았습니다. 그 결과 본 소책자가 간행되었습니다. 안상혁 교수님은 종교개혁이 어떻게 발생하여 우리에게까지 전수되었는지 상세히 설명해 주셨고, 이남규 교수님은 우리가 기억해야 할 종교개혁의 다섯 원리를 친절하게 요약해 주셨습니다.

500년 전 하나님께서는 짙은 어둠에 놓여있던 교회에 말씀의 빛을 비추시고 종교개혁의 은혜를 베풀어 주셨습니다. 그 후 종교개혁이 우리에게까지 이어져 바른신학, 바른교회, 바른생활을 추구하게 된 것은 실로 하나님의 크신 은혜라 할 것입니다. 이제 이 책을 통해 종교개혁의 역사와 정신을 다시 확인하게 되니 얼마나 기쁜지 모르겠습니다. 작지만 귀한 책이 교회와 성도님들께 큰 유익이 되기를 바랍니다.

2017년 9월
대한예수교장로회(합신)
종교개혁 500주년 기념사업 특별위원회
위원장 안만길 목사

종교개혁,

하나님께서 행하신
"하나님의 큰 일"

하나님의 큰 일

종교개혁은 하나님께서 그의 교회를 위해 행하신 "하나님의 큰 일"입니다. 지금으로부터 500년 전, 하나님은 진리 말씀으로부터 멀리 떠나 있던 서구의 기독교를 새롭게 하셨습니다. 16세기에 일어난 개혁의 바람은 크게 세 지역을 강타했습니다. 오늘날의 독일과 스위스 그리고 영국에 해당하는 지역입니다. 하나님은 이들 지역에 구심점을 두는 종교개혁의 회오리바람을 연이어 일으키셨습니다. 그 결과 종교개혁은 광범한 지역에 큰 영향력을 발휘하며 한 세기 안에 여러 지역에 성공적으로 정착할 수 있었습니다.

하나님은 진리의 사람들을 사용하셨습니다. 각 지역에서 초기의 종교개혁을 이끌었던 대표적인 인물들은 다음과 같습니다.

독일 지역

마르틴 루터, 필립 멜랑히톤, 안드레아스 칼 슈타트, 니콜라우스 암스도르프, 유스투스 요나스, 요하네스 부겐하겐

스위스 지역

울리히 츠빙글리, 마틴 부써, 요하네스 외콜람파디우스, 길욤 파렐,

[그림 1] 왼쪽부터 파렐, 칼빈, 베자, 녹스

장 칼뱅[칼빈], 피에르 비레, 하인리히 불링거, 데오도루스 베자

영국과 스코틀랜드

윌리엄 틴데일, 토마스 크랜머, 존 후퍼, 휴 라티머, 마일즈 커버데일, 조지 위샤트, 존 녹스

  각 지역에서 진행된 종교개혁은 공통점을 가지고 있었습니다. 이들은 세속화된 중세 교황제도와 타락한 교권을 비판했습니다. 대중을 위해서는 미신화된 기독교 신앙을 복음 진리에 기초한 바른 신앙으로 개혁하고자 시도했습니다. 또한 흔히 "근원으로 돌아가자(ad fontes)"는 구호를 기독교 신앙에 접목시켜 성경과 초대교회의 신앙으로 돌아가자는 취

[그림 2] 독일 보름스에 있는 루터의 동상 _ 루터 가래 앉아있는 종교개혁 선구자 얀 후스, 존 위클리프, 피터 왈도, 지롤라모 사보나롤라

지에 대다수의 교회개혁가들은 공통적으로 뜻을 모았습니다. 이들이 설파한 종교개혁의 신앙은 소위 "3대 솔라"로 잘 요약될 수 있습니다. "오직 성경", "오직 믿음", 그리고 "오직 은혜" 등은 16세기 종교개혁자들의 다양한 저술들 안에서 실제로 사용된 용어들이었습니다.

종교개혁과 성경의 사람들

성경과 루터의 종교개혁

　하나님께서 사용하신 진리의 사람들은 모두 "성경의 사람들"이었습니다. 흔히 종교개혁의 선구자들로 알려진 피터 왈도, 얀 후스, 베셀 한스포르트, 그리고 존 위클리프와 롤라드 등은 모두 "성경적 교회개혁"을 부르짖었습니다. 이들의 간절한 기도제목은 독일의 아우구스티누스파 수도원에 소속된 한 수사의 작은 움직임과 더불어 열매를 맺기 시작했습니다.

● **95개조를 게시하다!**
　1517년 10월 31일 마르틴 루터는 비텐베르크 대학 성당의 정문에 천주교의 면벌부 판매의 부당성을 반박하는 "95개 논제"를 게시합니다. 루터는 무

[그림3] 루터가 95개 논제를 게시한 비텐베르그 대학 성당 정문

엇을 기준으로 당시 교회의 잘잘못을 따질 수 있었을까요? 바로 성경이었습니다. 이런 측면에서 볼 때, 루터의 종교개혁은 그의 성경수업과 더불어 수년전부터 이미 시작되었다고 말할 수 있습니다.

1513-1515년	시편 강해
1515-1516년	로마서 강해
1516-1517년	갈라디아서 강해
1517-1518년	히브리서 강해

- **내가 여기 섰나이다!**

1521년 4월 보름스 회의에서 루터는 다시는 되돌릴 수 없는 선택을 합니다. "내가 여기 섰나이다. Hier stehe ich." 당시 신성로마제국의 황제였던 칼 5세 앞에서 루터가 진술한 말로 전해집니다. 이 때 루터는 성경의 말씀과 그 말씀에 사로잡힌 양심에 따라 진리의 편에 서기로 결정한 것이었습니다.

[그림4] 1521년 4월 보름스 회의

• **루터, 성경의 사람**

보름스에서 비텐베르크로 돌아오던 중, 루터의 지지자 프레데릭 현인은 루터를 납치하여 바르트부르크 성으로 루터를 피신시킵니다. 그곳에서 루터는 신약성경을 원전에서 독일어로 번역합니다(1521년). 이듬해부터 독일 사람들은 모국어로 출판된 성경을 읽을 수 있게 되었습니다. 다음 단계로 루터는 신약에 이어 구약까지 독일어로 번역하는 작업에 착수합니다. 1534년 구약을 원

[그림5] 루터가 신약성경을 번역한 곳_독일 바르트부르크 성

어에서 독일어로 번역함으로 전체 성경의 독일어 번역을 완수합니다.

1535년부터 1545년까지 그의 생애 마지막 10년간 루터는 신학교에서 창세기를 강해했습니다. 오늘날 판본으로 약 8권 분량입니다. 루터의 삶 전반을 살펴볼 때, 루터는 "성경의 사람"이었다고 말할 수 있습니다. 그의 종교개혁은 성경에서 시작되었고, 성경과 함께 교회개혁을 수행했으며, 그는 성경을 강해하다가 그의 생애를 마감했습니다.

[그림6] 루터의 독일어 완역판 성경(1534년)

성경과 츠빙글리의 종교개혁

• Lectio Continua(연속강해설교)

루터가 95개조를 게시한 후 약 1년 2개월이 지났습니다. 1519년 1월 1일, 스위스 취리히 그로스뮌스터 예배당에 새로운 사제가 부임합니다. 츠빙글리입니다. 취리히 시민은 이전에는 경험하지 못했던 방식, 곧 "연속강해(*lectio continua*) 설교"를 듣습니다. 츠빙글리는 마태복음 1장부터 주해 설교를 시작하여 일 년 동안 강해설교를 합니다. 곧이어 사도행

[그림7] 츠빙글리의 연속강해설교
: 그로스뮌스터 예배당 부조

[그림8] 취리히 그로스뮌스터 예배당

전과 디모데전서, 베드로전후서, 히브리서, 요한복음을 강해합니다. 1526년까지 신약성경의 대부분을 강해한 후에 시편을 시작으로 구약을 강해합니다. 모세오경과 역사서 그리고 선지서의 순으로 강해설교를 했습니다.

• **공개토론**

츠빙글리는 성경이 말하는 복음 진리는 너무나 명료해서 말씀을 제대로 선포하는 설교를 들으면 누구나 무엇이 옳고 그른가를 판단할 수 있을 것이라고 믿었습니다. 1523년 1월에 개최된 제1차 공개토론은 이러한 츠빙글리의 기대에 잘 부응했습니다. 그는 약 600여명의 대중 앞에서 종교개혁의 원리를 성경적으로 훌륭하게 입증했습니다. 이 날 시의회는 츠빙글리의 설교권을 보장해주었음은 물론 앞으로 도시의 다른 모든 설교자들도 반드시 성경에 기초한 진리만을 설교하라고 요구했습니다. 이

듬해 가을, 제2차 공개토론회가 개최되었습니다. 이 날의 주제는 성화와 조각상을 제거하는 것과 미사의 본질을 규정하는 문제였습니다. 약 900여명이나 되는 사람들이 도였습니다. 뜻밖에도 결과는 실망스러웠습니다. 오랜 관행으로 굳어진 것을

[그림9] 취리히에 있는 츠빙글리 동상

일순간에 바꾸는 것은 생각보다 어려웠습니다. 그러나 츠빙글리는 좌절하지 않았습니다. 츠빙글리의 편에 속했던 누군가 앞으로 모든 설교자들이 일정 기간 특별히 이 주제를 가지고 설교할 것을 의무화하자고 제안했습니다. 자발적인 변화를 위해 성경 말씀을 가지고 회중을 설득하는 시간을 좀 더 갖자는 의도였습니다. 츠빙글리도 동의했습니다.

츠빙글리의 판단이 옳았습니다. 설교자들의 열정적인 가르침과 설득이 효과를 발휘했습니다. 얼마 지나지 않아 도시 곳곳에서 변화가 일어났습니다. 다수결의 원칙에 따라 사람들은 교회 안의 각종 성

화와 조상들을 제거했습니다. 내벽에 그려진 성화의 경우는 하얀색의 페인트로 지웠습니다. 교구민들이 그렇게 한 것입니다. 마침내 1524년, 시의회는 미사와 성상숭배의 폐지를 공식화했습니다. 별다른 저항이 없었습니다. 이뿐만 아닙니다. 미신적으로 행해지던 촛불미사, 성인 및 유물숭배와 성지순례 등은 자연스럽게 사라졌습니다. 중세식의 수도원은 해체되었고 그 재산은 구제와 교육 사업에 건설적으로 활용되었습니다. 명실공히 취리히는 스위스의 종교개혁 도시로 거듭났습니다.

- **성경번역 : 취리히 성경**(Zürich Bible, 1531)

1525년 6월 츠빙글리는 "예언학교"(Prophezei)를 개교하여 성직자들을 모아 함께 성경을 연구합니다. 성경원어를 독일어로 번역하고 주해하고 설교하는 훈련을 합니다. 그 열매로서 1531년 신약과 구약을 모두 독일어로 번역한 최초의 성경이 출판됩니다. 전체 성경을 원문에서 독일어로 번역한 것은 루터의 성경보다 3년이나 앞선 것이었습니다.

[그림10] 츠빙글리의 성경번역
: 그로스뮌스터 예배당 부조

[그림11] 취리히 성경(1531년)
: 그로스뮌스터 예배당에 전시

• 루터가 아니라 하나님의 말씀이다!

루터와 마찬가지로 츠빙글리 역시 "오직 성경의 사람"이었습니다.

츠빙글리 : 왜 너희들은 나를 바울파라고 부르지 않는가? 나는 바울과 똑같이 설교하고 있다. … 교황주의자들이 나를 루터파라고 이름 붙이는 것을 원치 않는다. 나에게 그리스도의 교훈을 가르쳐 준 자는 루터가 아니라 하나님 말씀이다. 만약 루터가 그리스도를 전파한다면, 그는 내가 하는 것하고 똑같이 행하고 있을 뿐이다. 나는 예수 그리스도가 나의 주인이시며 나는 그의 군사라는 이름 이외에 그 어떠한 칭호도 가지지 않을 것이다!

이처럼 츠빙글리는 성경말씀이야말로 취리히 종교개혁의 유일한 근거라고 밝힌 것입니다. 1531년 10월, 츠빙글리는 제2차 카펠 전투에서 전사했습니다. 이후 그의 자리를 계승한 불링거는 츠빙글리과 마찬가지로 "오직 성경"을 개혁교회의 핵심원리로 삼아 종교개혁의 과업을 이어갔습니다.

성경과 칼빈의 종교개혁

● 말씀의 신학자, 칼빈

제네바의 종교개혁자 칼빈은 『기독교 강요』의 저자로 알려져 있습니다. 그 저술 목적은 사람들로 하여금 성경의 진리를 이해하도록 하는데 있었습니다. 1539년 로마서 주해를 시작으로 1564년까지 칼빈은 구약과 신약의 일부(에스겔 21-48장, 요한이삼서, 요한계시록)를 제외하고 대부분의 성경에 대한 주석을 집필합니다. 성경을 주석하는 목표는 교인들에게 하나님의 말씀을 설교하고 가르치는 사역을 돕기 위함이었습니다. 또한 성경

[그림12] 프랑스 느와용 칼빈의 생가 박물관

[그림13] 칼빈이 사역했던 제네바의 생 피에르 예배당

신학자였던 칼빈은 그의 사역 기간 동안 약 4천편 이상 설교했습니다. 속기사에 의해 기록된 것만 약 2천 편에 이릅니다. 츠빙글리가 시도한 것과 마찬가지로 칼빈 역시 일평생 구약과 신약 전체 말씀을 설교한 것으로 알려져 있습니다.

• **교회의 신학자, 칼빈**

1564년 5월 27일 사망하기 불과 몇 개월 전까지 칼빈은 성경을 가르치는 교사의 역할을 충성스럽게 감당했습니다. 칼빈은 건강이 좋지 못했습니다. 특히 제네바 사역의 말년에는 결석, 관절염, 위장병, 통풍, 치질, 기생충, 천식 등으로 심한 고통을 당했

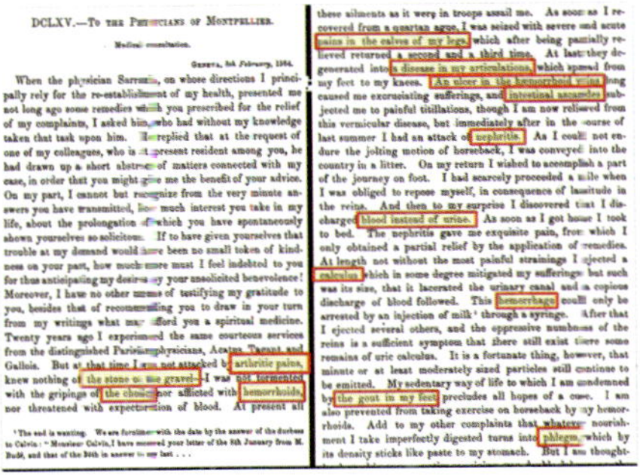

[그림14] 1564년 2월 3일, 몽펠리에의 주치 의에게 보낸 칼빈의 서한.
칼빈은 당시 자신이 앓고 있던 십 여 가지 이상의 질병에 대해 자세히 서술하고 있다. 삼가월 후 사망. (1564년 5월 27일)

습니다. 특히 결석으로 인해 혈뇨와 몸을 움직일 수 없는 고통을 경험했습니다. 그러나 신체적인 연약함에도 불구하고 칼빈은 들것이나 짚을 얹은 마차에 몸을 싣고 예배당에 가서 진리말씀에 목말라하는 회중들에게 말씀의 꼴을 먹였습니다. 이처럼 칼빈은 교회를 위한 신학자로서 일평생 헌신하였습니다. 칼빈은 자신의 일생의 사역을 통해 조직신학과 성경신학 그리고 실천신학이 서로 불가분리의 관계에 있음을 잘 증거하였습니다.

• 교회의 하나됨을 위하여

또한 칼빈은 진리 말씀에 기초하여 개혁파 내의 교회 연합과 한 걸음 더 나아가 루터파와 개혁파 사이의 연합을 추구하였습니다. 특히 양자 사이를 갈라놓았던 성만찬론에서조차도 칼빈은 루터와 츠빙글리의 견해 사이에 일치점이 있음을 강조하며 포용적인 태도를 취했음도 기억해야 합니다.

[그림15] 존 칼빈
출처: Theodore Beza, *Icones* (Geveva, 1580).

요약하자면, 루터와 츠빙글리 그리고 칼빈 모두 성경을 원문으로 읽고 연구하며, 자국어로 번역하고, 성경을 강해하고, 성경을 가르쳐서 사람들로 하여금 하나님의 말씀을 읽고 이해시키는 것을 교회 개혁의 최우선 과제로 삼았습니다. 또한 이들은 이 소명에 자신의 삶을 온전히 헌신했다고 말할 수 있습니다.

[그림16] 제네바의 플랭 팔레(Plain Palais) 공동묘지에 있는 칼빈의 묘비석. J.C.는 장 칼뱅의 첫 글자이다. 칼빈의 유언에 따라 장례는 검소하게 치러졌다.

종교개혁 신학의 핵심 주제

"오직 믿음"과 "오직 은혜"는 사람이 하나님 앞에서 의롭다함을 받는 데 있어 인간의 그 어떤 행위도 공로적인 원인이 될 수 없음을 가르치는 종교개혁의 구호들입니다. 성경은 그리스도를 믿는 믿음으로 말미암아 사람이 의롭게 된다고 선언합니다. 종교개혁자들은 칭의에 관한 성경의 이러한 가르침을 그대로 받아들였습니다. 한편 비판자들은 종교개혁의 칭의론이 내용 없는 공허한 이론이라고 공격했습니다. 심지어 하나님을 거짓말하는 분 - 사실상의 죄인을 의인이라고 말한다는 의미에서 - 으로 만드는 오류를 퍼뜨린다고 비판하기도 했습니다. 그러나 이것은 루터와 칼빈 등이 가르친 칭의론을 근본부터 오해한 것이라고 말할 수 있습니다. 종교개혁의 이신칭의 교리는 "하나님의 의"를 핵심 요소로 가지고 있습니다. 복음 안에 계시된 "하나님의 의"는 오직 그리스도를 믿는 믿음으로 말미암아 주어지는 칭의에 실질적인 내용을 구성합니다. 루터의 종교개혁은 "하나님의 의"를 발견하는 것으로 시작되었다고 해도 과언이 아닙니다.

루터의 칭의론

- **"하나님의 의(義)"의 혁명!**

 "복음에는 하나님의 의가 나타나서 … 오직 의인은 믿음으로 말미암아 살리라"(롬1:17)

- **루터, 하나님의 의에 관한 관점이 변화하다!**

 종교개혁자로 변화되기 직전의 루터는 "하나님의 의"에 대해 다음과 같은 태도를 취하고 있었습니다.

> 저는 '하나님의 의'라는 단어를 매우 싫어했습니다. 이 하나님의 의는 불의한 죄인을 처벌하는 '의'이기 때문이었습니다. 저는 하나님의 의를 사랑할 수 없었습니다.

이후 루터는 로마서 1장 17절에 기록된 "하나님의

의"를 연구하기 시작했습니다. 마침내 복음 안에 계시된 "하나님의 의"를 제대로 이해했을 때, 루터는 말 그대로 혁명적인 변화를 체험합니다.

> 바로 여기서 저는 하나님의 의라는 것이 하나님의 선물임을 깨닫게 되었습니다. 이것은 '복음에 나타난 하나님의 의'를 믿음으로 받는 우리를 의롭다 칭하주시는 칭의의 의인 것이었습니다. … 저는 완전히 다시 태어났다고 느꼈습니다. 성경 전체가 완전히 다른 모습으로 제게 다가왔습니다. 이제 저는 '하나님의 의'를 미움이 아닌 사랑으로, 가장 달콤한 하나님의 말씀으로 찬양할 수 있게 되었습니다.

루터는 복음 안에 계시된 "하나님의 의"라는 것이 곧 "그리스도의 의"라는 사실을 발견했습니다. 하나님은 예수 그리스도를 믿는 신자에게 "그리스도의 의"를 "전가"(imputation)해 주십니다. 이처럼 신자에게 전가된 "그리스도의 의"는 하나님께서 신자를 의롭다고 선언하시는 칭의의 근거입니다.

칼빈과 그리스도의 연합

 칼빈 역시 칭의론에서 그리스도의 의의 전가 교리를 분명하게 제시합니다. 칼빈은 우리가 하나님 앞에서 의롭다함을 받는 근거를 소위 사중 인과율을 통해 다음과 같이 설명합니다.

작용인 (efficient cause)	= 하나님의 긍휼
질료인 (material cause)	= 그리스도
형상인 (formal cause) 혹은 도구인	= 믿음
목적인 (final cause)	= 하나님의 영광

 칼빈에 따르면, 우리가 믿음을 통해 그리스도를 수용할 때, 하나님께서는 그리스도의 의를 신자에게 전가해 주십니다. 바로 이것이 이신칭의 교리의

핵심적인 내용입니다. 같은 맥락에서 칼빈은 로마서에 계시된 "믿음의 의"가 곧 "그리스도의 의"가 되는 것이라고 설명합니다.

아울러 칼빈은 그리스도와의 연합을 강조합니다. 신자는 믿음으로 "그리스도와 연합"을 이룰 때, 그리스도의 의를 공급받습니다. 또한 신자는 "그리스도와의 연합"을 통해 성화의 은혜도 공급을 받습니다. 요컨대 칼빈이 강조한 "이중은혜"(*duplex gratia*)는 칭의와 성화 모두 그리스도와의 연합에서 오는 은혜라는 사실을 표현하는 용어입니다.

아우구스티누스 은총론의 재발견

"믿음은 시작에서나 완성에서나 다 하나님의 선물이다." 초대교회의 완성자로 알려진 아우구스티누스가 가르친 은총론의 주요한 내용입니다. 루터는 구원론에서 인간의 자유선택을 강조한 에라스무스를 논박할 때 성경과 아우구스티누스의 은총론으로부터 도출한 "오직 은혜"의 원리를 활용하였습니다. 칼빈은 피기우스와 볼섹과의 논쟁에서 아우구스티누스가 가르친 예정과 견인의 교리를 반복적으로 제시했습니다. "선을 행함에 있어서 끝까지 해낼 수 있는 것은 그것을 시작하는 것과 꼭 마찬가지로 하나님의 선물이다." 같은 맥락에서 칼빈은 아우구스티누스가 종교개혁가들의 편이라는 것을 주장합니다.

그는 예정하신 자들을 또한 부르시기 때문에, 시작할 때부터 끝까지 지속적으로 견디게 해주는 은총이 우리의 공로에 따라서 주어지는 것이 아니라 가장 비밀스럽고 동시에 가장 정의롭고 가장 자비롭고 가장 현명한 그의 의지에 따라서 주어진다는 것을 나는 분명하게 보여주었다. … 그러므로 아우구스티누스가 우리 편이라는 사실을 우리에게서 빼앗을 수 없다.

교리사적인 관점에서 볼 때, 구원에 관한 종교개혁자들의 가르침은 성경과 더불어 아우구스티누스의 은총론을 재발견한 것이라고 말할 수 있습니다.

종교개혁의 확산과 성과

16세기 종교개혁과 신학은 16-17세기 유럽 대륙과 영국 그리고 뉴잉글랜드 지역의 개신교회로 계승되었습니다. 북부 독일에 거점을 둔 루터파의 경우는 이미 16세기부터 스웨덴, 덴마크, 핀란드, 노르웨이, 아이슬란드와 발트해 주변국들로 확산되었습니다. 한편 개혁파 신앙은 독일의 팔츠, 스위스, 화란, 영국, 스코틀랜드와 뉴잉글랜드 등으로 널리 영향을 미치게 되었습니다. 같은 시기에 로마 가톨릭교회는 반동 종교개혁을 추진하면서 로마교회의 입지를 더욱 공고히 했습니다. 트렌트 공의회 (1545-1563)와 예수회가 반동 종교개혁을 이끈 견인차의 역할을 감당했습니다. 로마교회는 종교개혁의 "오직 성경"에 맞서 "성경과 전통"을, "오직 믿음"에 대응하여 "믿음과 행위"를, 그리고 "오직 은혜"를 대신하여 "반펠라기우스적인 은총론"을 주장했습니다. 유럽의 주요 지역들에서 종교개혁이 성공적으로 정착한지 한 세기가 지난 후에도 로마교회는 여전히 주요한 외부적 위협으로 자리 잡고 있었습니다. 한편 종교개혁 내부에서도 루터파와 개혁파 그리고 급진주의자들 사이의 분열이 있었습니다. 개혁파의 입장에서 보자면 특히 성만찬과 유아세례의 문제를 두고 각각 루터파와 재세례파와 신학적 논쟁을 벌이고 있었습니다. 또한 개혁파 내부로부터의 도전도 있었습니다. 대표적으로 화란의 개혁파 신학교 레이든 대학의 교수였던 아르미니우스를 따르는 추종자들이 전통적인 개혁파의 구원론을 비판했고 이에 대응하기 위해 1618년 도르트 회의가 개최됩니다.

도르트 회의 (1618-1619)

도르트 회의는 1618-1619년 화란의 도르트에서 개최된 최초의 개혁파 국제적 총회였습니다. 1609년 아르미니우스가 사망하자 그를 추종하는 항론파는 다음의 다섯 조항을 핵심으로 하는 항의서를 제출하였습니다.

> 1. 하나님은 믿을 자들을 예지하시고 예지된 믿음에 기초하여 이들을 선택하신다.
> 2. 그리스도는 모든 이를 위해 돌아가셨다.
> 3. 믿음은 사람 자신으로부터가 아니라 그리스도로부터 기원한다.
> 4. 은혜는 가항력적이다.
> 5. 믿음이 상실될 수 있는가의 여부를 결정하기 위해 추가적인 성경연구가 필요하다.

이에 대하여 도르트 회의는 다섯 개의 장으로 구성된 도르트 신경을 발표하는데 그 핵심적인 내용은 다음과 같습니다.

* 제1장 하나님의 선택과 유기

하나님의 선택은 예지된 믿음에 근거하는 것이 아니라 하나님의 단일하며 선하신 뜻에 근거한다.

하나님의 주권적인 선택과 유기의 작정에 대해 항의하지 말고 찬양하라.

* 제2장 그리스도의 죽으심과 그 사역을 통한 사람의 구속

그리스도의 죽음은 무한한 가치를 가진다.

그리스도의 죽음이 갖는 효력은 택자들에게 제한적으로 적용된다.

복음은 보편적으로 선포되어야 한다.

* 제3-4장 사람의 타락, 하나님께로 회심, 그 회심이 이루어지는 방식

타락의 결과 인간은 전적으로 무능력하다.

부르심과 중생은 오로지 하나님의 사역이다.

믿음은 하나님의 선물이다.

제5장 성도의 견인

중생한 신자 안에도 내재하는 죄가 있다.

하나님은 택자를 새롭게 하사 회개하게 하시며 결코 택자를 잃지 않으신다.

우리는 하나님께서 택자를 보존하시는 견인의 은혜를 확신한다.

이와 더불어 도르트 회의는 "벨직 신앙고백서"와 "하이델베르크 요리문답"을 화란 개혁교회의 공통적인 신앙고백서와 신앙교육서로서 승인했습니다. 루터파의 "일치신조"가 루터파를 하나로 결속시키는 역할을 한 것처럼 "도르트 신조"는 국제적인 개혁파 교회들의 교회일치를 위한 중요한 문헌으로 역할했습니다.

영국의 종교개혁과 웨스트민스터 회의
(1643-1649)

1534년 헨리 8세는 자신의 이혼문제를 계기로 로마교황청과의 관계를 단절하고 수장법을 발표하면서 영국은 공식적으로 종교개혁에 합류합니다. 영국교회를 향한 하나님의 계획은 참으로 놀라웠습니다. 애초부터 적당한 수준에서 종교개혁을 마무리하고자 했던 정부의 미온적 태도는 오히려 보다 철저한 교회개혁을 요구하는 청교도 운동이 시작되는 계기를 마련했습니다. 헨리 8세의 세 자녀들은 각자 독특한 방식으로 개혁교회의 성장에 기여했습니다. 먼저 종교개혁 신앙을 수용한 에드워드 6세의 짧은 통치기간 중 청교도는 대륙의 신학자들의 도움을 받아 개혁주의 신앙을 영국 땅에 뿌리내리게 했습니다.

에드워드의 뒤를 이어 약 6년 반 동안 통치한 메리 여왕은 캐서린의 딸로서 독실한 로마 가톨릭 신자였습니다. 메리는 개신교를 박해했습니다. 사적인 원한도 작용했으리라 봅니다. 캐서린의 이혼을 추진했던 토마스 크랜머는 화형에 처해졌습니다. 크랜머는 화염 속에 자신의 오른손을 스스로 내밀었습니다. 여왕의 위협에 굴복해서 일순간 개신교 신앙을 부인하는 데 사용한 오른손을 스스로 태우며 자신의 죄를 회개했다고 합니다. 크랜머 외에도 약 300여 명의 개신교도가 화형에 처해졌습니다. 800여 명이 국외로 망명했습니다. 이 때문에 메리는 "피

[그림17] 토마스 크랜머
출처: Theodore Beza, *Icones* (Geveva, 1580).

의 여왕"으로 불립니다. 그런데 메리의 박해는 오히려 개신교회를 더욱 강인하게 만들었습니다. 순교자들이 영웅으로 추앙받으면서 종교개혁의 신앙이 영국인의 가슴 속에 깊이 각인되었습니다.

메리가 갑작스럽게 사망하자 앤 볼린의 딸이었던 엘리자베스가 왕위를 이었습니다. 해외로 망명했던 청교도는 큰 기대를 안고 귀국했습니다. 실망스럽게도 엘리자베스 여왕은 국교회의 이름으로 가톨릭뿐만 아니라 청교도 운동 역시 탄압했습니다. 더 이상 정부의 힘에 의존한 교회개혁이 불가능하다는 사실을 깨달은 교회 지도자들은 대안을 모색했습니다. 그 결과 청교도의 "설교 운동"이 시작되었습니다. 외면적 제도를 바꿀 수 없다면 하나님의 말씀을 교구민에게 직접 전하는 일에 전력함을 통해 내면의 개혁을 먼저 이루어내자는 것이 설교운동의 핵심이었습니다. 어떤 역사가는 이 시기의 특징적 변화를 가리켜 "경건주의적 전환"이라고 명명했습니다. 따지고 보면 새로운 정권에 대한 가장 큰 실망이 오히려 종교개혁사에서 매우 의미 있는 개혁운동을 탄생시키는 데 기여한 셈입니다.

약 반 세기 이상 지속된 말씀 운동으로 착실하게 내공을 다진 영국의 청교도는 크게 두 가지 측면에서 종교개혁의 역사에 기여합니다. 첫째는 청교도 운동이 해외로 확장된 것입니다. 1630년대에 이르면 영국의 청교도는 그들이 꿈 꾸어왔던 가장 이상적인 교회를 자신들의 힘으로 직접 건립하기 위해 뉴잉글랜드로 건너갑니다. 이것이 오늘날 미국을 탄생시킨 첫 걸음이었습니다. 둘째로 1640년대에 청교도 운동은 국내에서 청교드 혁명을 낳았습니다. 특히 영국의 청교도와 스코틀랜드의 언약파 사이에 연대가 이루어졌다는 면에서도 큰 의의가 있습니다. 청교도 혁명 기간 중 청교도 의회는 웨스트민스터 회의를 소집합니다(1643). 웨스트민스터 회의는 5년 반 이상 지속되었으며 총 1163회의 회의를 거쳐 다음 네 가지의 표준문서를 마련하였습니다.

웨스트민스터 예배모범(1645년)

웨스트민스터 장로회 교회 정치규범(1645년)

웨스트민스터 신앙고백서(1646년)

웨스트민스터 대/소요리문답(1648년)

앞서 소개한 도르트 신조는 항론파가 제기한 특정한 신학적 주제를 제한적으로 다루었다면, 상기한 웨스트민스터 표준문서는 주요한 신학적 주제들은 물론 예배와 교회정치 전반에 걸친 광범한 주제를 성경과 개혁신학의 노선에 따라 집대성한 것이었습니다. 이런 측면에서 볼 때, 웨스트민스터 표준문서는 16세기 종교개혁이 한 세기 동안 성장한 후에 아름답게 열매 맺은 개혁파 종교개혁의 꽃이라고 비유할 수 있겠습니다.

거시적 관점에서 볼 때, 영국 청교도의 기도가 그토록 오랜 기간 응답되지 않고 지연되었던 이유를 하나님의 섭리의 시각에서 조명해 보는 것이 의미 있습니다. 그토록 긴 인고의 세월을 견디며 청교도는 국내적으로는 웨스트민스터 표준문서를 작성할 만큼의 신학적인 성숙을 이루었습니다. 또한 국외에서는 새로운 대륙에서 새 역사를 창조하기 위한 충분한 실력을 갖춘 신앙의 거장들로 성장했던 것입니다.

종교개혁과 한국교회 그리고 우리

종교개혁과 한국 장로교회

 16세기 종교개혁과 [종교개혁 신학을 가 혁주의 입장에서 집대성한] 17세기 웨스트민스터 표준문서는 한국 장로교회에 지대한 영향을 미쳤습니다. 1660년 왕정복고가 이루어졌을 때 영국은 웨스트민스터 표준문서를 무효화한 반면 스코틀랜드 장로교회는 웨스트민스터 표준문서를 처음부터 수용하고 보존하고 있었습니다. 한편 1729년 뉴잉글랜드에서 최초로 열린 장로교 대회는 웨스트민스터 표준문서를 공식적으로 채택했습니다. 독립전쟁 이후에 웨스트민스터 표준문서는 미국장로교회의 공식문서가 되었습니다.
 19세기 말 한국에 건너온 개신교 선교사들은 종교개혁과 개혁주의 신학을 한국교회에 소가 해 주었습니다. 주지하다시피 18-19세기 영미지역에서 꽃피운 복음주의 운동은 종교개혁의 복음을 해외선교와 연계하고자 적극 시도했습니다. 이런 면에서 볼 때, 선교사들은 종교개혁 신학전통을 복음주의의 그릇에 담아 한국교회에 소개했다고 말할 수 있습니다. 이 가운데 미국 북장로교회(PCUSA)와 남장로교회(PCUS), 캐나다장로교회와 호주장로교회에서 파송받아 온 선교사들은 한국에 장로교회를 세우는데 노력하였고 1901년에는 함께 연합하여 평양장로회신학교를 건립하였습니다. 웨스트민스터 소요리문답은 조선예수교장로회 공의회 시대(1901-1906)에 널리 활용되었습니다. 1907년 독노회는 당시 국내 교회의 실정을 고려하여 "12신조"와 "소요리문답"을 채택하였습니다.

종교개혁과 합신

대한예수교장로회(합신) 헌법은 "웨스트민스터 신앙고백서, 대소요리문답, 교회정치 권징조례 및 예배모범을 우리의 교의와 규례의 표준으로 삼는다"라고 명시합니다. 이것은 (이 글의 주제와 관련하여) 크게 두 가지 의미를 가지고 있습니다. 첫째, 합신은 17세기 웨스트민스터 표준문서가 16세기 종교개혁의 신학을 계승한 것으로 인정합니다. 둘째, 합신은 17세기 개혁주의 신학이 종교개혁을 계승했을 뿐만 아니라 성경의 진리에 기초하여 그것을 정당하게 발전시켰다는 입장을 취하고 있습니다. 이러한 사실을 전제로 종교개혁 500주년이 오늘날 우리에게 주는 의미를 합신의 3대 슬로건을 따라 간략하게 정리해 보겠습니다.

- 바른 신학

::

우리는 개혁주의 신앙의 특징인 하나님의 절대 주권(롬 11:36), 성경의 객관적 권위(딤후 3:16~17), 구원의 전적 은혜성(엡 2:8), 그리스도를 머리로 하는 그의 몸으로서의 교회(엡 1:22~23) 등을 신봉하고, 이상과 같은 바른 신학의 내용을 흐리게 해 온 이질적인 다양한 신학적 요소들을 제거하고 개혁주의의 참 모습을 찾아내는데 힘쓴다.

오늘날 한국 장로교회의 일부 교단은 웨스트민스터 신앙고백서 대신에 독자적인 신앙고벽서를 채택하고 있습니다. 이러한 시도는 자칫 성경의 객관적인 권의를 훼손하거나 혹은 고회의 신앙고백이란 단지 역사적 산물에 불과하다는 생각을 부추길 수 있습니다. 분명한 것은 종교개혁자들은 성경의 절대적인 권위와 공교회적인 신앙고백을 강조했다는 사실입니다. 과거 종교개혁의 선구자들고 종교개혁자들은 바른 성경의 진리를 수호하기 위해 전력을 다했고 필요하다면 순교로 나아가는 것을 마다하지 않았습니다. 오늘날 종교개혁의 후예인 우리는 성경말씀을 사랑하고, 그들이 재발견한 성경의 바른 진리를 계승하고 공교회의 신앙고백으로써 다음세대에게 전수할 책임이 있습니다.

• 바른 교회

::

우리는 그리스도만이 교회의 주인이며, 교회의 통치자라는 바른 교회관의 확립과 모든 사역자들은 특권의식이나 주장하는 자세보다는 섬기는 자세를 가지고(막 10:45), 그리스도의 몸 된 교회를 받들도록 힘쓴다. 우리는 한국교회의 현재와 미래의 소망이 바른 신학교육에 있음을 재인식하고, 교회와 사회의 여망에 부응하는 유능하고 수준 높은 교역자 양성을 위하여 힘쓴다(딤후 2:1~2). 우리는 분열의 상처와 아픔을 거울삼아 자신의 정화와 개혁(딤전 4:16)을 중심으로 하는 진리운동을 추진할 뿐 아니라, 회개와 용서와 관용의 정신을 바탕으로 하여 화목과 합동운동(엡 4:1~6)을 펴 나아가는데 최선을 다한다.

과거 종교개혁가들은 성경의 진리에 기초한 교회개혁과 예배개혁을 위해 값비싼 대가를 치렀습니다. 특히 로마 가톨릭 교회의 교권주의를 타파하기 위해 투쟁하다가 교황주의자들에 의해 많은 핍박을 받았습니다. 또한 진리에 기초한 바른 예배를 드리기 위해 신학교육을 개혁했습니다. 무엇보다 성경의 진리를 바르게 이해하고 선포하는 말씀의 사역자들을 양성하여 교회로 파송하는 일에 주력했습니다. 오늘날 종교개혁의 후예인 우리는 끊임없는 교회개혁과 예배개혁을 지속해 나가야합니다. 일례로 다음의 내용을 실천할 필요가 있습니다. 첫째, 예배의 미신적인 요소나 형식화를 타파하는 운동. 둘째, 본질보다 외형적인 요소들 -교회 건물, 규모, 재정 등- 을 자랑하지 않는 운동. 셋째, 교회 안에 새로운 성직제도나 계서제적 직분의식을 척결하는 운동.

바른 생활

::

우리는 경건생활에 주력하되 비성경적 행위인 지방색과 파벌의식을 타파하며, 교권 쟁취를 위하여 시간과 정력을 낭비할 것이 아니라, 먼저 하나님의 나라와 그의 의를 구하려고(마 6:33) 성경, 기도, 전도, 봉사에 전력하는 교회상을 심어나가는 데 힘쓰고, 우리의 생활에서 신앙과 윤리가 겸전하며 하나님과 인간에 대하여 책임 있는 그리스도인으로 살아가도록 노력한다.

과거 종교개혁자들에게 복음 진리와 실천(경건과 선행)은 결코 분리되지 않았습니다. 루터는 「기독교인의 자유」(1520)에서 이렇게 말합니다. "기독교인은 누구에게도 예속되지 않습니다. 동시에 모든 사람을 섬기는 종으로서 모든 이에게 예속됩니다." 한편 칼빈은 「사돌레토에게 보내는 답신」(1539)에서 다음과 같이 말합니다.

> 칭의의 교리로 인해 사람들을 타락시켰다는 비난은 전혀 근거가 없는 것입니다. 우리는 선행이 칭의에 어떤 역할을 한다는 것은 부인합니다. 그러나 의인의 삶에는 선행이 반드시 있어야 할 것을 주장합니다.

오늘날 종교개혁의 후예인 우리는 끊임없는 삶의 개혁 운동을 전개해 나가야 합니다. 일례로 다음의 실천 방안을 생각할 수 있을 것입니다. 첫째, 교회 안에 침투하는 세속적 가치를 끊임없이 배격하는 운동. 둘째, 일터에서 참 신자의 모범을 보이는 운동. 셋째, 신자 개인의 성화와 교회 공동체의 거룩한 삶을 회복하는 운동. 넷째, 예수님의 사랑을 이웃사랑으로 실천하는 운동. 다섯째, 진리 안에서 교회의 화평과 연합을 이루는 운동.

우리의 이러한 노력들을 통해 하나님은 일찍이 종교개혁을 통해 성취하신 "하나님의 큰 일"을 오늘날 세계와 한국 교회에서, 우리 교회에서, 그리고 각 신자의 삶에서 지속해 나가실 것입니다.[*]

---

[*]상기한 실천방안은 합신 총회 종교개혁 500주년 기념사업 특별위원회 제3차 회의(2017년 1월 12일)에서 김만형 교수가 발표한 내용을 요약적으로 정리한 것이다.

"개혁된 교회는 계속 개혁되어야 한다"

(Ecclesia reformata semper reformanda)

Five Solas

"우리가 기억해야 할 종교개혁의 다섯 원리"

오직 성경만으로
Sola Scriptura

'오직 성경'은 성경이 하나님의 말씀으로서 최종적 권위를 갖기 때문에, 믿음과 행위의 유일한 법칙이라는 말입니다. 교회와 사람이 성경을 판단하는 것이 아니라 성경이 교회와 사람을 판단합니다. 종교개혁가들은 오직 성경의 권위와 판단 아래서 성경을 떠난 교회의 오류들을 개혁할 수 있었습니다. 다음 내용들을 더 구체적으로 생각할 수 있습니다.

첫째, 교회나 전통이 아니라 오직 성경만이 최종적인 권위를 갖습니다. 그러나 로마 교회는 성경이 아니라 전통을 가진 교회에 최종적인 권위가 있다고 주장했습니다. 만일 교회가 최종적인 권위가 있다면, 종교개혁은 침묵하고 교회의 수장인 교황의 말을 들어야 했을 겁니다. 그러나 종교개혁은 성경에 근거해서 성경과 어긋난 교회의 오류들을 개혁했습니다. 오직 성경만이 하나님의 말씀으로서 최종적 권위를 갖기 때문입니다.

둘째, 성경의 권위는 교회의 증언에 의존하는 것이 아니라 성경 자체의 증언에 의존합니다. 종교개혁이 성경에 근거해서 말하자, 로마 교회는 성경이 권위를 갖게 된 것이 교회가 성경을 인정해주었기 때문이라고 말했습니다. 로마 교회는 성경이 교회에 의존하고, 성경의 권위도 교회의 증언에 의존한다고 주장했습니다. 로마 교회의 주장과 달리 실상은 교회가 성경을 의존하는 것이고 교회가 성경을 떠났기 때문에 타락한 것입니다. 또 교회가 성경을 인정했기 때문에 성경에 없던 권위가 생겨난 것이 아니라, 성경이 이미 갖고 있던 권위를 교회는 증언했을 뿐입니다. 햇빛이 사람의 증언에 의존하는 것이 아니라 햇빛이 비추기 때문에 사람이 그 사실을 증언하는 것과 같습니다.

셋째, 성경해석의 권위도 교황에게 있는 것이 아니라 성경 자체에 있습니다. 종교개혁이 성경에 근거해서 말하자, 로마 교회는 교황 외에 아무도 성경을 해석할 권위를 갖지 않는다고 주장했습니다. 종교개혁이 볼 때, 성경이 최고 권위를 가져도 성경의 해석권을 교황아래 둔다면, 결국 성경이 오류 가운데서 말하도록 두는 것이었습니다. 결국 해석자가 권위를 갖기 때문입니다. 종교개혁은 성경의 해석자는 성경 자신이라고 답했습니다. 성경이 자신의 해석자라는 것은 성경의 해석권을 인간에게 돌리지 않고 성경의 저자이신 하나님께 돌린다는 것입니다.

 넷째, 성경이 하나님과 구원에 대해서 모호하지 않고 명료합니다. 로마 교회가 볼 때 종교개혁은 성경을 근거해서 말하는 자들 때문에 일어난 일이었습니다 그래서 성경이 모호하고 어려운 책이기 때문에 함부로 성경을 읽으면 안된다고 주장했습니다. 종교개혁은 성경이 하나님과 구원에 대해서 분명하게 말하기 때문에 하나님과 구원에 대해서 분명하게 말했습니다. 또 성경을 번역하고 전파하면서, 더 많은 이들이 성경을 읽도록 권장했습니다. 성경의 모든 부분이 모든 사람에게 동일하고 완벽하게 명료하지는 않더라도, 성령께서 깨닫게 해주시면 누구라도 성경을 읽으면서 하나님과 구원에 대해서 알게 되기 때문입니다.

 다섯째, 성경은 교회의 존재를 위해 필수적입니다.

로마 교회는 성경이 유익하지만 교회는 성경이 없이도 존재할 수 있다고 주장했습니다. 이들의 주장과 달리 교회는 하나님의 말씀 없이 존재한 적이 한 번도 없었습니다. 지금 교회는 기록된 하나님의 말씀인 성경을 통하지 않고는 우리 주 예수 그리스도에 관한 지식을 얻을 수도 없습니다. 일용할 양식이 없다면 우리의 생명이 존재하지 못하는 것처럼 교회는 성경이 필요합니다.

여섯째, 성경은 완전하며 충분합니다. 로마 교회는 성경만으로는 부족하고 전통이 추가되어야 한다고 합니다. 재세례파 신비주의도 성경 외에 새로운 특별한 계시가 추가되어야 한다고 합니다. 그러나 성경은 완전하며 충분하므로 전통이나 다른 계시가 추가될 수 없습니다. 그러나 로마 교회는 교황을 통해 사도직이 계속되고 있고, 재세례파는 직통계시를 하는 자를 통해 사도직이 계속되며 계시가 추가됩니다. 그러나 성경은 기록된 것 외에 다른 것을 추가 하거나 빼는 것을 정죄합니다(계 22:18-19).

일곱째, 그러므로 성경이 가장 권위있는 최종적인 재판관이 됩니다. 전통이나 교황이나 내적인 빛에 의존하는 직통계시가 아니라 오직 성경만이 모든 것을 판단합니다. 종교개혁은 성경으로 돌아가서 성경으로 모든 것을 판단하면서 교회를 다시 세웠습니다.

'오직 성경만으로'의 이 내용이 우리 교단의 표준문서인 웨스트민스터 신앙고백서 '제1장 성경'과 웨스트민스터 소요리문답서 2문과 3문에 동일하게 진술되어 있습니다. '오직 성경만으로'의 정신이 지금 우리에게까지 전해진 것입니다.

오직 그리스도께서만

Solus Christus

'오직 그리스도께서만' 완전한 구속을 이루신 유일한 구주시고 중보자이십니다. 로마 교회는 그리스도의 공로 외에도 인간이 자신의 의를 의지하고, 자신의 의가 부족하면 다른 성인들의 공로를 의지하도록 가르쳤습니다. 종교개혁은 그리스도 외에 자신이나 다른 이의 의를 의지하거나 다른 이를 중보자로 세우는 것을 반대했습니다. 구체적으로 다음의 내용들을 생각할 수 있습니다.

첫째, 오직 그리스도만이 우리를 대신하여 완전한 속죄를 이루셨기 때문에 우리의 구원을 위해서 우리 자신의 의를 의지할 수 없다는 말입니다. 로마 교회는 그리스도의 의가 우리 스스로 의롭게 할 수 있는 힘을 돕는다고 가르쳤습니다. 그리스도의 도움을 받아 인간이 하나님 앞에 받아들여질 만한 가치있는 행위들을 하게 된다는 것입니다. 로마 교회는 그리스도와 함께 헌물, 행위, 금식, 기도, 고행에서 구원의 근거를 찾도록 했습니다. 결국 인간은 그리스도만 바라보는 것이 아니라, 자기의 가치와 자기의 의를 의지하게 됩니다. 성경은 여기에 반대하면서 그리스도의 의 자체가 우리를 의롭게 한다고 가르칩니다. 우리가 하나님 앞에 받아들여지는 것은 우리의 의나 가치 때문이 아니라 오직 그리스도의 의 때문입니다. 그리스도는 모든 세계를 지으신(히 1:2), 세세에 찬양 받으실 하나님이신데(롬 9:5), 우리의 죄를 속죄하시려고 우리와 같은 모양의 혈과 육을 지니시고(히 2:14, 17) 율법아래 나셔서(갈 4:4) 우리 가운데 거하시고(요 1:14) 우리 죄를 위하여 죽으시고 부활하신(고전 15:3-4) 유일한 중보자입니다(딤전 2:5). 자신을 위해서가 아니라 우리를 위하여, 율법이 정한 진노를 감당하사 영원한 사망에서 우리를 구하시고, 율법의 요구를 완전히 성취하사 우리에게 영생을 주셨습니다. 그러므로 우리가 우리 자신의 가치나 의를 의지해서 하나님 앞에 받아들여진다고 생각하는 것은 참 하나님이시며 참 사람이신 우리의 유일한 중보자 그리스도를 모욕하는 일이 됩니다.

둘째, 오직 그리스도만이 완전한 구속을 성취하신 유일한 구주시기 때문에 소위 성인들의 공로나 다른 것을 의지할 수 없습니다. 로마 교회는 예수 믿는 것과 함께 자기의 공로를 가지고 하나님 앞에 받아들여진다고 가르쳤는데, 대부분의 사람이 공로가 부족하므로 다른 성인들의 공로를 의지하도록 했습니다. 여기에 반대해서 종교개혁은 그리스도께서 완전한 구속을 이루셨다는 성경의 가르침을 따라, 그리스도 외에 또는 그리스도와 함께 다른 성인들의 공로를 의지하는 것은 예수님의 완전한 구속을 부인하는 것이라 가르쳤습니다. 성인이나 다른 곳에서 구원을 찾는 것은 오직 그리스도만이 유일한 구주임을 부인하는 것입니다.

셋째, 오직 그리스도만이 완전한 구속을 이루신 유일한 중보자이시기 때문에 마리아나 다른 성인들이 중보자가 될 수 없습니다. 로마 교회는 그리스도께서 구속의 중보자이지만 마리아와 성인들은 우리를 위하여 간구하는 중보자들이므로 우리가 그들에게 비는 것이 유익하다고 가르쳤습니다. 그러나 성경은 오직 그리스도만이 유일한 중보자라고 가르칩니다. 그리스도는 십자가에서 우리를 위한 제물로 자기 자신을 드리시고 우리를 구속하셨고 나아가 십자가에서 행하신 구속에 근거하여 지금도 우리를 위해 중보하십니다. 마리아와 성인들도 중보자가 필요한 죄인들이기 때문에 다른 이를 위한 중보자가 될 수 없습니다. 그리스도 외에 다른 중보자가 또 필요하다는 것은 그리스도의 구속과 중보의 완전성을 부인하는 것입니다.

넷째, 오직 그리스도만이 유일한 중보자시기 때문에 사제나 어떤 사람의 중보를 통해서 하나님께 나아가는 것이 아니라 그리스도의 십자가를 의지하여 직접 하나님께 나아갈 수 있습니다. 로마 교회는 구원을 받기 위해서는 성례가 절대적으로 필요하며 이 성례는 제사장인 사제들만이 집례할 수 있다고 했습니다. 신자를 대신해서 하나님 앞에 제물을 드리는 사제를 통하지 않고는 직접 하나님 앞에 나아가지 못하게 되었습니다. 그러나 성경은 그리스도의 십자가 희생이 단 한 번의 유일한 제사이며, 그리스도의 제사장직이 영원하시다고 가르칩니다. 지금 우리는 그리스도를 대신하여 희생제물을 다룰

제사장이 따로 필요하지 않습니다. 종교개혁은 하늘에 있는 영원한 대제사장 그리스도로 만족했습니다. 이제 더 이상 희생제물이 드려지는 제단이 필요하지 않고 그리스도의 십자가 희생제사를 선포할 강단이 필요합니다. 그리스도를 대신하는 제사장이 아니라, 유일한 그리스도와 그의 십자가 복음을 선포할 설교자가 필요합니다. 신자는 다른 제사장을 통하는 것 없이, 하늘에 있는 대제사장 그리스도만을 통해서 때를 따라 돕는 은혜를 얻기 위하여 은혜의 보조 앞에 담대히 나아갈 수 있습니다(히 4:16).

'오직 그리스도께서만'의 이 내용이 우리 교단의 표준문서인 웨스트민스터 신앙고백서 '제8장 그리스도'와 웨스트민스터 소요리문답서 21문에서 28문까지 동일하게 진술되어 있습니다. '오직 그리스도께서만'의 정신이 지금 우리에게까지 전해진 것입니다.

오직 은혜만으로
Sola Gratia

'오직 은혜'는 구원이 우리 자신의 능력과 공로에 근거하지 않고, 오직 하나님의 은혜로 된다는 말입니다. 종교개혁은 성경으로 돌아가서, 인간의 능력과 공로가 구원의 근거와 기초가 된다는 오류를 개혁하고, 우리 구원이 전적인 하나님의 은혜로 된다는 바른 교리를 세웠습니다. 다음 내용들을 더 구체적으로 생각할 수 있습니다.

첫째, 인간은 전적으로 부패했다는 것을 생각해야 합니다. 부패한 인간은 하나님 앞에서 인정받을 어떤 선도 행할 수 없기 때문에, 오직 은혜가 아니면 구원 얻을 수 없습니다. 그러나 로마 교회는 인간에게 선을 행할 만한 능력이 있다고 가르쳤습니다. 성경은 이런 오류에 반대하면서 인간은 선을 행할 능력이 없고 오히려 전적으로 부패해서 죄만 지을 뿐이라고 합니다. 우리가 마음으로 생각하는 모든 계획이 항상 악합니다(창 6:5). 이 더러운 것에서는 깨끗한 것이 나올 수 없습니다(욥 14:4). 따라서 전적으로 부패한 인간은 오직 하나님의 은혜로만 구원 얻을 수밖에 없습니다.

둘째, 전적으로 부패한 우리는 공로가 없기 때문에, 그리스도의 공로만 근거하여 오직 은혜로 구원 받습니다. 그러나 로마 교회는 인간이 자기 공로를 가지고 하나님 앞에 보인다고 했습니다. 성경은 여기에 반대하면서 하나님 앞에서 우리의 의는 오직 그리스도의 공로 밖에 없다고 합니다. 우리는 그리스도 예수 안에 있는 속량으로 말미암아 하나님의 은혜로 값없이 의롭다 하심을 얻은 자 되었습니다 (롬 3:24). 우리는 오직 은혜로 그리스도의 공로 때문에 구원을 얻습니다.

셋째, 우리가 예수 그리스도를 믿게 된 것도 오직 은혜로 주어진 성령의 역사 때문입니다. 그러나 어떤 이들은 예수 그리스도의 공로를 인정하지만, 이것을 받아들이는 믿음은 인간의 능력에 있다고 주장합니다. 복음이 전해졌을 때 받아들이고 받아들이지 않는 것이 인간의 능력에 달려있다고 주장하는 겁니다. 그러나 복음이 전해질 때, 성령의 역사가 없는 인간이 할 수 있는 일은 복음을 미워하고 거절하는 일 밖에 없습니다. 복음을 미워하고 거절하는 돌 같은 마음을 깨뜨려 믿음을 주시는 분이 성령님입니다. 성령님께서 마음을 여시고(행 16:14), 빛을 비추셨기 때문에(고후 4:6), 오직 은혜로 믿음으로 말미암아 구원을 받습니다(엡 2:8).

넷째, 우리가 끝까지 믿고 이 믿음에서 완전히 떨어지지 않는 것은 오직 하나님의 은혜 때문입니다. 어떤 이들은 신자가 자기 능력으로 마지막까지 믿을 수 있다고 주장하기도 합니다. 이 주장은 신자에게 여전히 부패가 남아 있다는 것을 무시한 주장입니다. 신자에게도 여전히 부패가 남아 있어 마지막까지 믿을 수 있는 것은 오직 은혜 때문입니다. 하나님께서 우리에게 자원하는 심령을 주시고(시 51:2), 주의 무리 중 하나도 주의 손에서 뺏기지 않으십니다(요 10:28), "너희 속에서 착한 일을 시작하신 이가 그리스도 예수의 날까지" 이루십니다(빌 1:6). 우리는 여전히 약하고 실수가 많으나 우리 안에서 행하시는 하나님 때문에(빌 2:13) 오직 은혜로 마지막까지 믿음 안에 거할 것입니다.

다섯째, 구원의 원인이 우리에게 있지 않고 오직 은혜로 하나님께 있기 때문입니다. 그러나 어떤 이들은, 하나님께서 우리가 믿을 것을 미리 보셨기 때문에 구원하시기로 미리 정하셨다고 주장합니다. 우리의 믿음이 구원의 원인이라는 겁니다. 개혁교회는 여기에 반대하여, 구원의 원인이 인간의 믿음이 아니라, 어떤 것도 보시지 않고 정하신 하나님이 기뻐하신 뜻이라고 했습니다. 하나님은 다른 민족보다 수효가 많아서 이스라엘을 택하신 것이 아니라 사랑하셨기 때문에 택하셨습니다(신 7:7-8). 원하는 자에 의해서가 아니라 긍휼히 여기시는 하나님에 의해서입니다(롬 9:16). 하나님께서는 긍휼히 여기시길 원하는 자를 긍휼히 여기십니다(롬 9:18). 그리고 하나님이 원하시고 정하시면 그대로 이루어집니다. 천지에 있는 것, 주권, 부와 귀, 권세와 능력이 다 주의 손에 있고(대상 29:11-12), 여호와께서 생각한 것은 반드시 되며 경영한 것을 반드시 이루십니다(사 14:24). 참새가 떨어지는 작은 일에서부터(마 19:29), 계시를 받거나 못받는 일(마 11:25)까지 하나님의 뜻에 달려 있습니다. 하나님은 모든 일을 그의 뜻의 결정대로 일하십니다(엡 1:11). 우리가 예수님을 믿게 된 것은 뜻대로 일하시는 하나님이 빛을 우리 마음에 비추셨기 때문입니다(고후 4:6). 우리는 하나님의 은혜를 찬송할 수밖에 없습니다.

'오직 은혜만으로'의 이 내용이 우리 교단의 표준문서인 웨스트민스터 신앙고백서 '10장 효과적인 부르심'부터 '17장 성도의 궁극적 구원'까지와 웨스트민스터 소요리문답서 29문에서 38문까지를 중심으로 동일하게 진술되어 있습니다. '오직 은혜만으로'의 정신이 지금 우리에게까지 전해진 것입니다.

오직 믿음만으로
Sola Fide

'오직 믿음만으로'는 우리가 예수 그리스도를 믿음으로 하나님 앞에서 의롭게 된다는 말입니다. 이신칭의, 즉 오직 믿음으로 의롭다함을 얻는다는 교리를 종교개혁가들은 교회가 서고 무너지는 교리라 할 만큼 중요한 교리로 받아들였습니다. 다음의 내용들을 더 구체적으로 생각할 수 있습니다.

 첫째, 믿음으로 받아들인 그리스도의 의 때문에 하나님께서 의인으로 받아주신다는 것입니다. 로마 교회는 하나님 앞에 인정받는 의가 믿음의 의와 행위의 의로 구성되어 있다고 가르쳤습니다. 행위의 의가 모자를 때에 바로 천국에 가지 못하고 연옥에 들어가 모자란 만큼 정화하고 천국으로 옮겨간다고 가르쳤습니다. 사람들 대부분이 행위의 의로는 천국으로 직행하지 못하기 때문에 면죄부를 사서 의를 보충할 수 있었습니다. 성경은 이런 로마 교회의 가르침에 반대하면서, 행위로는 하나님 앞에서 의롭다함을 받을 수 없고 우리 대신 고난 받고 죽으신 그리스도를 믿음으로 의롭다함을 받는다고 가르칩니다. "내가 가진 의는 율법에서 난 것이 아니요 오직 그리스도를 믿음으로 말미암은 것이니 곧 믿음으로 하나님께로부터 난 의라"(빌 3:9) "사람이 의롭게 되는 것은 율법의 행위로 말미암음이 아니요 오직 예수 그리스도를 믿음으로 말미암는 줄 알므로 우리도 그리스도 예수를 믿나니 이는 우리가 율법의 행위로써가 아니고 그리스도를 믿음으로써 의롭다 함을 얻으려 함이라 율법의 행위로써는 의롭다 함을 얻을 육체가 없느니라"(갈 2:16) 성경에 따라 우리는 "은혜에 의하여 믿음으로 말미암아 구원을"(엡 2:8) 받았다고 고백합니다.

둘째, 오직 믿음만으로 구원을 얻었다고 할 때에 이 믿음 자체가 어떤 공로가 된다는 말은 아닙니다. 로마 교회는 단순히 '믿음을 통해서'란 표현만 인정한 것이 아니라 '믿음에 근거해서' 의롭게 된다고 가르쳐서 믿음을 공로처럼 만들었습니다. 그러나 우리의 의는 그리스도의 공로 외에는 없으며, 믿음이란 공로가 아니라 우리의 유일한 공로인 그리스도의 의를 받아들이는 수단입니다. 우리의 믿음마저도 공로가 아니며 믿음으로 받은 그리스도의 의만이 우리의 의라는 말입니다.

셋째, '오직 믿음만으로'는 믿는 자의 행위도 의를 위한 공로가 될 수 없다는 의미입니다. 로마 교회는 믿음으로 구원얻는 것에 동의한다고 하면서, 사랑으로써 역사하는 믿음(갈 5:6) 때문에 의롭게 된다고 가르쳤습니다. 그들은 텅빈 믿음이 아니라 사랑의 역사로 채워진 믿음이 하나님 앞에서 의가 된다고 주장하면서 믿음을 하나의 공로처럼 만들었습니다. 즉 믿음으로만 의롭게 되는 것이 아니라 인간의 행위인 사랑의 역사로 의롭게 된다는 것입니다. 그러나 성경은 여러 곳에서 칭의의 근거가 사랑의 역사나 인간의 공로가 아니라 믿음으로 받아들인 그리스도의 의라고 가르칩니다. 사랑의 역사는 믿음의 증거일 뿐입니다. 사랑의 역사가 의롭게 하는 결과를 가져오는 것이 아니라, 참된 믿음이 사랑의 역사를 불러오는 겁니다. 믿는 자는 하나님을 사랑하며 이웃을 사랑합니다. 우리의 행위가 아니라 그리스도를 믿음으로 우리는 구원을 얻습니다.

넷째, 오직 믿음만으로 구원 얻는다고 할 때에, 이 믿음의 기원은 능력있게 역사하시는 성령님입니다. 어떤 이들은 믿음이 성령의 은혜와 사역의 결과라는 것은 인정했지만, 믿음의 기원은 인간의 의지와 행위라고 주장했습니다. 이렇게 될 때 성령님의 일도 인간이 거절할 수 있는 일이 됩니다. 나아가 믿음의 기원은 인간의 행위이기 때문에 언제든지 잃어버릴 수 있는 것이라고 주장했습니다. 결국 성령의 사역은 인간의 부패를 이기지 못하는 사역이 되고 말았습니다. 그러나 믿음은 부패한 인간 스스로 만들어낼 수는 없습니다. 성령님께서 능력있게 역사하셔서 우리의 부패를 깨뜨리고 주신 선물입니다. "너희는 그 은혜에 의하여 믿음으로 말미암아 구원을 받았으니 이것은 너희에게서 난 것이 아니요 하나님의 선물이라"(엡 2:8)

다섯째, 성령의 특별한 은혜의 선물인 믿음으로 의롭다함을 얻은 신자는 믿음의 증거로서 선행을 드러냅니다. 어떤 이들은 오직 믿음만으로 의롭게 된다는 교리가 사람을 방종하게 하고 선행을 못하게 한다고 모함합니다. 그러나 구원하는 믿음은 믿음의 증거를 드러냅니다. 이 믿음은 죽은 믿음이 아니라 산 믿음이기에 생명의 증거를 드러냅니다. 생명의 증거를 드러내지 못하는 육체가 죽은 육체이듯이 행함이 없는 믿음은 죽은 것입니다. 생명이 있는 몸이 심장이 뛰고 호흡을 하고 몸을 움직이며 살아있는 증거를 드러내듯이, 구원하는 믿음은 행함으로 산 믿음의 증거를 드러냅니다.

'오직 믿음만으로'의 이 내용이 우리 교단의 표준문서인 웨스트민스터 신앙고백서 '제14장 구원에 이르는 믿음'과 웨스트민스터 소요리문답서 30문과 33문과 86문을 중심으로 동일하게 진술되어 있습니다. '오직 믿음만으로'의 정신이 지금 우리에게까지 전해진 것입니다.

오직 하나님께만 영광이
Soli Deo Gloria

오직 하나님께만 영광이 있다는 것은, 하나님 스스로 완전한 영광 가운데 계시고, 하나님의 모든 사역이 하나님의 영광을 위한다는 것입니다. 로마 교회는 형상과 그림으로 하나님의 영광을 훼손하고, 하나님께만 돌아갈 영광을 인간의 공로에 돌렸습니다. 종교개혁은 오직 하나님께만 영광이 돌아간다고 선언하면서 하나님의 영광을 훼손하는 것을 개혁했습니다. 나아가 개혁교회는 우리의 삶의 목적이 하나님의 영광이라는 것을 강조해서 가르쳤습니다. 구체적으로 다음의 내용들을 생각할 수 있습니다.

 첫째, 오직 하나님께만 영광이 있다는 것에서 하나님의 존재의 영광을 생각해야 합니다. 하나님은 자존하시고 홀로 스스로 완전한 영광 가운데 계십니다. 하나님은 누구의 도움을 받아 더 영광스러워지거나 어떤 형상의 도움을 받아 더 영광스러워지지 않습니다. 하나님은 그 누구의 어떤 도움 없이 스스로 완전히 영광스러우십니다. 따라서 무한히 높이 계신 하나님의 위엄과 영광을 피조물의 형상으로 표현하거나 가두는 것은 하나님의 자존과 완전하심을 모욕하는 일이 됩니다. 로마 교회는 여러 형상과 그림을 교회에 두고 숭배하도록 가르쳤습니다. 그러나 썩어지지 아니하는 하나님의 영광을 형상과 그림에 가두어 숭배하도록 하는 것은 하나님의 거룩한 영광을 거스르는 것입니다. 종교개혁은 하나님의 영광을 위해 교회에서 형상과 그림을 치워버렸습니다. 종교개혁은 하나님의 영광을 위한 싸움이었습니다.

둘째, 하나님의 사역의 영광을 생각해야 합니다. 하나님의 창조사역도 하나님의 영광이 목적이었고, 하나님의 구원사역도 하나님의 영광이 목적입니다. 하나님 홀로 구원을 시작하시고 완성하시기 때문에 하나님께만 영광이 돌아갑니다. 로마 교회는 인간의 구원을 돕는다는 미명아래 천사, 마리아, 각종 성인들을 숭배하도록 했습니다. 나아가 인간들의 선행이 구원의 근거가 되도록 높이 올렸습니다. 그러나 구원은 누구의 도움없이 하나님이 시작하시고 하나님이 완성하신 일입니다. 오직 하나님의 열심만이 이루십니다. 그리스도께서 십자가에서 죽으신 것과 믿음을 선물로 주시는 성령님의 사역은 우리의 부패와 무가치와 무능력을 드러냅니다. 하나님의 일하심을 생각할 때에 오직 하나님께만 영광이 돌아가야 마땅합니다.

 셋째, 우리의 존재와 삶의 목적이 하나님의 영광이어야 합니다. 종교개혁 이후 개혁교회의 요리문답서 제1문은 인간의 목적이 하나님이라는 것을 선언했습니다. 제네바 요리문답서(1541년) 1문은 인생의 최고 목적이 "사람을 만드신 하나님을 아는 것"이라고 합니다. 웨스트민스터 소요리문답서(1647)는 "하나님을 영화롭게 하는 것과 영원토록 그를 즐거워하는 것"이라고 합니다. 인간은 하나님을 목적하여 세상에 나왔습니다. 하늘과 땅과 바다의 생물이 하나님의 은혜로 살아가지만 오직 인간만이 하나님의 은혜를 인식하고 하나님을 예배할 수 있습니다. 하나님의 모든 자비하심 때문에 우리 몸을 하나님이 기뻐하시는 거룩한 산 제물로 드리는 것이 우리가 드릴 영적 예배입니다(롬 12:1). 그래서 개혁교회의 요리문답서는 구원의 기초를 획득하기 위해서가 아니라, 하나님께 드릴 감사와 찬송으로서 십계명을 가르칩니다. 우리는 하나님의 영광을 위해서 살아야 합니다.

'오직 하나님께만 영광이'의 이 내용이 우리 교단의 표준문서인 웨스트민스터 신앙고백서 '제2장 하나님과 삼위일체'와 웨스트민스터 소요리문답서 1문과 39문과 87문을 중심으로 동일하게 진술되어 있습니다. '오직 하나님께만 영광이'의 정신이 지금 우리에게까지 전해진 것입니다.